UN ROMAN DE RENART

Emprunté à diverses branches
ET AUTRES MENTERIES

Bruno COSSON

UN ROMAN DE RENART

Théâtre

Du même auteur :

Tailleur de rêves Journal du vertige   BoD, 2021 *nouvelle édition*
Contes décousus   BoD, 2022

© 2021 Bruno COSSON
Édition : BoD – Books on Demand,
12/14 rond-point des Champs-Élysées, 75008 Paris
Impression : BoD - Books on Demand, Norderstedt, Allemagne

Illustration: Avant-première mai 2011, Marie-Claude DOUVRAIN & Maurice BAUD

ISBN: 978-2-3223-7712-1
Dépôt légal : Juillet 2021

À Maurice.

PRÉFACE

Qui sait dire comment on se rencontre ? La vie est mouvement. Les rencontres sont des mondes en mouvement l'un vers l'autre. Si j'ai rencontré Bruno Cosson c'est la faute à la dérive des continents ! Et tant mieux pour nous.

Nous avons échangé ses vers et mes notes, pour commencer.

Et puis l'idée m'est venue de faire l'acteur. Et peu de temps après, des souvenirs sont venus. Et des envies de jouer. De jouer un morceau de bravoure.

Les souvenirs, c'étaient ceux d'une histoire entendue lire par la maîtresse remplaçante de quand j'avais 10 ans. J'en étais amoureux, elle était belle et je me sentais le droit d'aimer. Je n'avais pas entendue toute l'histoire car je m'étais endormi comme presqu'à chaque fois que l'on me faisait la lecture.

Mais si je ne l'avais pas entendue toute, j'avais rêvé ce qui aurait pu me faire défaut.

J'avais donc le souvenir d'une histoire entendue-rêvée. Mais je ne savais pas trop m'y prendre avec les mots. J'étais devenu acteur pour pouvoir me montrer nu, habillé par ce que je croyais être les mots des autres.

Pour ce costume de Renart, il me fallait un Tailleur de Rêves. J'ai demandé à Bruno. Il a écrit Renart pour moi, je le sais. Je ne le joue jamais sans penser à lui.

J'ai créé ce spectacle en 2000 au Festival d'Avignon. Je l'ai joué 15 jours, sans réelle préparation. Le bouillon assuré. Il était au rendez-vous (le bouillon). J'ai conçu en 2011 une version pour appartement. Au fil des ans et des rencontres, il a repris le chemin des salles, et c'est ainsi que l'aventure continue.

Aujourd'hui, ce Renart-là rencontre le succès à chaque représentation, c'est-à-dire que les gens qui le voient ont des yeux d'enfants. Certains même, s'endorment pendant les représentations !... et je sais reconnaître cette marque de confiance à sa juste valeur. Ils ont sûrement rêvé les passages manquants...

Je vous souhaite, bien sûr, d'avoir vu ce spectacle. Mais je vous souhaite aussi de lire le texte qui suit, en entier ou par petits bouts, de le lire à voix haute, en le mâchant bien ! Pour le savourer jusqu'au bout. Bon appétit.

Maurice Baud

LES ANGUILLES

Seigneurs, à l'heure où tout décline,
Que le beau temps d'été s'incline,
Que l'hiver revient en saison,
Renart était en sa maison.
Toutes provisions perdues,
Quelle triste déconvenue !
Rien à donner ni acheter
Qui puisse le réconforter.
En ce besoin il prit la route,
Transi, hagard, et l'on sans doute,
Se cachant derrière les pierres,
Entre le bois et la rivière,
Tendu guettant de toute sa peur.
Car la faim compte les heures
Car la faim lui fait la guerre.

Or se rapprochent à grande allure,
Deux marchands, de poissons pour sûr,
Charrette et paniers bien remplis
De poissons frais, gros et petits,
De harengs, de lamproies, d'anguilles
Qu'ils iront vendre dans la ville.
Renart voit la carriole chargée,
D'anguilles et de lamproies chargée.
Il court les chemins et les voies
De traverses sans qu'on le voit
Pour devancer les provisions,
Et préparer sa trahison.
Il aura sa part tout à l'heure.
Car la faim compte les heures
Car la faim lui fait la guerre.

Lors, « *il est allongé dans l'herbe,*
Sous la nue, pâle dans son lit vert
Où la lumière pleut. Les pieds
Dans les glaïeuls, il dort*¹... » Priez
Pour son salut car le trompeur
Qui n'avait ni honte ni peur,
La gueule ouverte et les yeux clos
Se laisse porter comme ballot,
Et jeter dessus la charrette
Quand les marchands jugent, mazette,
Trois sous, puis quatre la pelisse.
Renart dans les paniers se glisse,
Engloutissant avec ardeur.
Car la faim compte les heures
Car la faim lui fait la guerre.

La gueule pleine de harengs,
Trente, et sans accommodement,
Voyez comme il s'accoutre
De chapelets d'anguilles en outre,
Dont il est bientôt recouvert,
Sans avoir été découvert,
Puis il s'élance avec ses proies,
Amusé par le désarroi
Des deux marchands voulant poursuivre,
Fort tard, le chapelet de vivre,
Il dit rieur à leur encontre :
« Je suis ravi de la rencontre ! »

Faut-il en vouloir au voleur ?
Car la faim compte les heures
Car la faim lui fait la guerre.

---

[1] Cf. Arthur Rimbaud : Le dormeur du val:

LE PUITS

Renart était d'une nature généreuse.

Si tu as un peu de temps, je vais te raconter l'histoire de Renart le goupil. L'histoire que racontaient les parents de nos grands-parents. L'histoire d'avant la légende. Les plus nobles troubadours ont chanté la quête du sacré Graal, le Chevalier de la charrette, Robin des bois, et quelques-uns, mais le plus insolent, le plus rebelle, le plus charmeur, s'appelait Renart, goupil et Baron de son état. Et je peux vous raconter une histoire qui vous fera rire, si vous ne cherchez de morale. Et, si la vie des Saints vous ennuie, cette anecdote vous plaira.

Maintenant, que chacun se taise, car écoutant bien vous trouverez quelque chose à retenir. On me prend parfois pour un fou, il y a beaucoup de déchets dans les pensées d'un fou, mais on y trouve quelquefois de sages paroles. C'est de Renart, vous le savez, on vous en a parlé déjà ; Renart charmeur, Renart trompeur, Renart qui vient de la mauvaise école, personne ne peut berner Renart, personne n'est plus habile et voyou que Renart, personne n'est plus discret que Renart. Un jour pourtant, il eût mésaventure, personne n'est à l'abri d'une folie. Je vais vous raconter cette histoire, je l'ai déjà dit.

Un jour, je ne sais si c'était le printemps ou l'hiver, il partit quérir sa nourriture loin de chez lui car le pays souffrait la disette. La faim le torturait, et son ventre et les boyaux qui sont dedans gémissaient en s'étonnant quand même de ce que pouvaient faire ses dents.

Il quitta la forêt, courut par les sentiers et finit par trouver une ferme près d'une abbaye de moines blancs, ou noirs, je ne sais plus. La ferme était entourée, je ne peux vous mentir, d'un fossé profond rempli d'eau saumâtre blanche, ou noire, je ne sais plus. Une ferme de belle tenue, regorgeant de poulettes et de chapons.

Renart s'arrête près du fossé, il fait le tour de la ferme sans trouver ni pont ni planche, il court à gauche et à droite, abandonner si près du but ? Il s'accroupit devant la porte, personne à la ronde, il s'allonge, il s'élance, il tend l'oreille, les deux, il a grand peur d'être surpris, car les moines ces malappris pourraient bien le dévaliser et même le retenir en otage. Il transpire, il s'égare, il repart, les poulettes sont bien maigres !

Mais la faim le tourmente, il revient sur ses pas, toujours personne, il traverse la cour à plat ventre, il s'engouffre dans la grange, il aperçoit trois belles poules blanches, ou noires, je ne sais plus, il les étrangle, en croque deux, emporte la dernière enfin pour la faire cuire. Il a soif, le puits, il voit le puits au milieu de la cour, il court, il ne peut atteindre l'eau, il y a deux seaux dans le puits, l'un vient et l'autre va. Voici ce qu'il advint :

Renard s'accoude sur le puits, soucieux, marri et fatigué. Il regarde dedans le puits, il voit une ombre, un reflet. Lui, le filou, il croit voir Hermeline, sa femme qu'il aimait tant, bien sûr il ne l'a jamais avoué, plus tard il raconta qu'il avait trébuché et s'était rattrapé à l'un des seaux, mais c'était elle, il l'avait vue, il lui avait parlé. Enfin... Le voilà dans le seau, et dans le puits. Il en sortit pourtant et retrouva à l'occasion toute sa verve et son aplomb. Isengrin qui courait lui-même les bois et la campagne pour se nourrir, arriva opportunément devant ce puits. La nuit brille de clair de lune et Renart trempe dans son seau, il entend le loup...

Isengrin s'accoude sur le puits, soucieux, marri et fatigué. Il regarde dedans le puits, il voit une ombre, un reflet. Il croit voir Hersant sa femme, qu'il aimait dans le temps, il ne l'a jamais avoué, car il la vit avec Renart. Il hurle et se lamente, c'est ce qu'il fait le mieux. À la fin, Renart lui parle du fond du puits, et voici ce qu'il dit :

– C'est bien moi Renart, ton voisin, ton compère, que tu chérissais comme un frère. Je suis mort vois-tu, et tu peux me pardonner la farce de l'autre jour, car mon âme est en paradis, compère je suis comblé.

Isengrin est assez troublé, il pardonne bien volontiers et demande des précisions.

– Ici, continue Renart, sont les plus grandes richesses, les prairies et les champs sont pleins de vaches et de brebis, de chèvres, de lièvres, et les rivières... De brochets, de truites, de saumons, c'est bien ce qu'il lui dit, et l'autre le croit, c'est son habitude.

Le loup, ce grand bêta, remarque que si la mort est ainsi, il veut bien mourir aussi.

– Oublie cela, il est impossible que tu entres ici, tout le monde n'a pas accès au paradis, et tu n'as pas les qualités requises ! S'il m'en souvient, tu m'as accusé à propos de ta femme, et tu as dit partout que j'avais insulté tes enfants ?

– Je vous ai vu moi-même et je vous pardonne en bonne foi, mais faites moi entrer céans !

Renart lui fait réciter le Pater notre, et pardonner la terre entière. Isengrin prie, le cul tourné vers l'orient et la tête vers l'occident, puis il dit « J'ai prié dieu ! » Renart l'accuse de tricheries, de trahisons, de félonie, et l'autre lui dit merci pour gagner son paradis – Je connais des tas de gens qui font ainsi.

– As-tu confessé tes péchés ?

– Oui, à un vieux lièvre et à dame Djali la chèvre, compère, faites-moi entrer là-dedans plus hâtivement !

Comme il commence à prendre froid, Renart convient qu'Isengrin s'est assez repenti et qu'il peut prendre place sur la balance des âmes. Et tandis que le loup descend, Renart remonte, à mi-chemin, ils se croisent.

Et Renart prend la peine d'expliquer à son compère, qui s'étonne un peu :

– Je vais vous informer de la coutume. Quand l'un arrive, l'autre s'en va, et la coutume se réalise. Je vais en paradis là-haut, et toi en enfer en bas !

LE SIÈGE DE MAUPERTUIS

À cette époque, Noble était le chef de ce pays, le Prince, le Roi, l'Empereur ! Enfin quelqu'un de respecté et craint, un habitué des flatteurs et des courbettes, un Lion ; d'autres en ont parlé mieux que moi. Renart, je dois l'admettre, n'était pas des courtisans de ce seigneur le plus dévoué, et l'on rapporte ici ou là qu'il fit usage à son encontre de quelques moqueries. Mais qui n'en fut pas l'objet ?

Un jour que le roi tenait sa cour, à force de plaintes et de larmoiements, de médisances et de calomnies, de menaces de révoltes – même les plus grands ne sont pas à l'abri de tels aléas, hélas – à l'issue d'un repas plus arrosé que d'usage, et plus fourni en bassesse sans doute, il fut question d'assiéger le château de l'odieux goupil, et de lui faire payer tous ses méfaits, rendre raison au polisson ! Après qu'ils eurent ensemble épuisé toutes les lamentations, et les tonneaux de vins d'Arbois, les barons se tournèrent vers le roi et lui dirent :

« Sire, Votre Altesse, Majesté, quand partons-nous ? » Sa Grandeur se leva et dit « Allons-y ! ».

Ils partirent... Ils marchèrent plusieurs jours, ils dormirent plusieurs nuits, car le soleil était leur guide, Maupertuis étant sise dans un comtat du sud. Lors, ils arrivèrent ; et devant la formidable enceinte le roi s'arrêta et dit : « Je suis venu ! »

Il vit les murailles.
Il vit les tours et les donjons.
Il vit les murs de forteresse.

Il vit les fossés et les murailles,
Solides épaisses et hautes.
Il vit les fossés et les créneaux.
Il vit le pont relevé.
Il vit tout cela et dit : « J'ai vu ! »

Alors ils s'installèrent, se dispersant autour du château, chacun dressa sa tente, et le soir venant, on fit force ripailles et beuveries, et mauvais jeux de mots, les rots sonnaient comme l'angélus. Ils étaient tous là, Isengrin le loup, Chanteclerc le coq, Brun l'ours, Brichemer le cerf, Tiécelin le corbeau, Tibert le chat, Roussel l'écureuil, Grimbert le blaireau, certains avec leurs épouses – dont quelques-unes connaissaient bien Renart.

Et l'aube tomba sur tous les fronts.

Le roi se leva et dit « Allons ! ». L'assaut fut terrible et dura jusqu'à la nuit. Quand il cessa enfin, sous les quolibets de Renart, et devant le mépris de leurs femmes, les barons dormirent bien mal. Six mois durant le Château résista aux attaques, sans qu'une pierre fût déplacée. La rage des assaillants n'avait d'égale que la désinvolture et la gaieté de Renart. Un soir que chacun s'était endormi auprès d'un arbre, et que la reine, fâchée contre son mari, dormait seule dans sa tente, Renart sortit en toute impunité ; les voyant tous étendus, il les attacha solidement par les pieds ou par la queue, puis il s'approcha de la reine étendue sur le dos, il se glissa entre ses jambes.

La reine, sans doute, pensait que son époux confus rentrait – si j'ose dire. La reine, reprenant ses esprits. La reine, soudain fut ébahie, fâchée d'avoir été trahie. Et par trois fois, elle le maudit, la quatrième, s'évanouit. Et poussa un cri qui réveilla les dormeurs empêtrés dans leurs liens.

LE SIÈGE DE MAUPERTUIS

Renart, pour son malheur, avait oublié d'attacher Tardif, le limaçon, le porte-fanion, un acrobate ! Il fit tant et si bien, qu'il défit les liens, tranchant à quelques-uns un bout de queue, à d'autres le coin de l'oreille – la mode en est restée fameuse – beaucoup restent emmêlés dans la précipitation. Puis Tardif, le seigneur, c'est là son fait de gloire, voyant Renart prendre la fuite, le rattrape par une de ses pattes. Enfin, Renart fut pris.

On l'amène au roi, Sa Majesté, dans sa grande clairvoyance, prit la parole et dit « qu'on le pende ! ». Tous se bousculent pour lapider le larron, tous le frappent et le houspillent, le rat Pelé se jette sur lui au milieu de la cohue, Renart le saisit à pleine gueule, serrant si fortement entre ses crocs que l'autre ne peut se retenir de mourir, dans l'ignorance de tous. Chacun tire et pousse pour être le premier. Roussel regarde à gauche, regarde à droite, il se retourne, regarde à droite et à gauche ; Isengrin, d'une grande massue à deux mains abat tout plat Renart, le voilà pelé, détiré, détaché, la peau ôtée, à la fin sous les coups, en plus de quatorze endroits il a besoin de fil et d'aiguille, il se recommande aux douze apôtres, pas un de moins, il a peur de perdre son écorce, il a peur de perdre son paletot.

Renart avait peu d'amis.

Grimbert, qui était son parent et son ami, pleure et ne sait comment lui porter secours. Dame Fière, la reine, encore frémissante, s'approche de lui : « Seigneur Grimbert, Renart par sa conduite reçoit aujourd'hui grand dommage – discrètement à l'oreille – en grand secret parlez-lui et donnez-lui cet anneau, cet anneau le protégera, dites-lui de ne m'oublier pas, s'il échappe et si Dieu le veut, j'aurai bien des pensées... Qu'il vienne cueillir en cachette et sans mépris, mes intentions sont pures, qu'il accepte l'anneau, que j'entende toujours cet air que j'aime tant ! Les hommes, les hommes sont dangereux, violents, stupides, et celui qui m'a trompée n'était pas le moins honnête. Je veux le voir en tête à tête, pour l'amour qu'il a promis, d'ailleurs qu'importe, allez mon ami et sauvez-le ! Si cet homme est un larron, que dieu protège les larrons, les traîtres et les félons, les félons et les traîtres, et que demain je m'en souvienne. »

On s'apprête à pendre Renart, lorsqu'arrive une troupe chevaleresque – il s'y trouvait bon nombre de femmes en pleurs – à leur tête, Hermeline, l'épouse du goupil et ses trois fils, déchirés de douleur. On les vit s'arracher les cheveux et déchirer leurs vêtements à bride abattue, on entendait leurs cris à une lieue de là. Ils traversent la foule, ils sont à genoux devant le roi. Leur mère les a devancés.

– Sire, je te donne cette rançon pour un simple pardon. Je sais qu'il n'est pas dans la coutume qu'une femme ose s'adresser au roi, il n'est pas dans la coutume qu'une femme réclame son mari volage, mais celui que vous avez jugé est celui que j'aime. Je suis à vos pieds pour sauver celui-là qui a pris mon cœur et doucement me réconforte.

Le roi regarde le trésor de pièces d'argent et d'or et dit :
– Je suis touché, mais j'ai promis une pendaison à mes barons.
– Sire, au nom du Dieu auquel tu crois, pardonne-lui pour cette fois.

Le roi regarde le trésor de pièces d'argent et d'or et dit :
– Au nom de Dieu ... Je lui pardonne. Mais la prochaine fois, il sera pendu !

LE SIÈGE DE MAUPERTUIS

Renart alors embrasse sa femme et ses enfants.

– Quel est le mot qui dit cela, que l'amour est là où tout commence. J'attends dans l'ombre la fin de vos romances. On racontait votre mort, j'ai pleuré et j'ai gémi, à quoi sert si vous êtes mort que je vive ?

Regarde les Barons qui tremblent vengeance !

Renart prend congé, la tête haute et vivement. Il lui faut franchir la garde ! Cinquante et quatre chiens étaient postés, les plus fidèles des compagnons, l'élite des chiens, sans conteste, tous ennemis jurés de Renart, mais Renart a pris la fuite.

Roenel l'aîné, le chien de maître Frobert, et Pillard, le chien de Robert –le curé de la paroisse– les premiers le prennent en chasse.

Harpon, Mordant et Rancune les suivent à vive allure. Hargneux, le chien de Gilou – la femme du drapier – Affrété, Gorfou et Tirant, Folié, Lenvers et Amarrant, suivent derrière en mauvais rang.

Sergent – le chien du Bailli de La Croix en Brie –, le fin limier, passe devant Engoulevent, le nez au vent. Frottemanche était là et Olivier le chien de messire Olivier, qui fout sa femme par derrière. Pathos, Portos et Pastis et Vaillant de Gascogne.

Après eux courent Cornebasse et Heurtevilain et Brisebois et Brisevent et Briselair, tous de la même lignée. Courtain, Tison,

Ecouillé et Passelève et Grignant. Massicot suit Nigaud, et Vaculard, le chien du seigneur Tibert du Fresne, le plus rapide et fier chasseur.

Derrière Pilez, Chipez et Rechignez, Pastor, Nestor et Butor. Écochelande le barbu, et Violent le molosse, et Bateleur, Chenus, Mordant, Vergehaute, Passavant. Outrelévrier, et le chien de Ribaud le boucher, s'il prend Renart entre ses crocs, il laissera sa peau.

À la suite sont accourus Hôpital et Trottemenu, Parcelle – le bon videur d'écuelle – Foulejus et Passemer qui vient du coté d'outremer. Et Chiffon, qui rêvait de mettre Renart en charpie.

Tous jappant, glapissant, rugissant,
Tempêtant, vociférant, tonitruant !
Tous aboyant, hurlant, gueulant,
Braillant, beuglant !
Tous haletant, jurant, râlant, pestant !
Tous écumant,
Tous débordant de haine et de muscles.
Une meute, une horde, une harde !
Tous rêvant de curée et d'hallali.

Ils s'époumonent,
Ils s'égosillent,
Ils s'éventrillent,
Ils s'écarvrillent !

Ils grognent !

LE SIÈGE DE MAUPERTUIS 21

J'en ai vu, les yeux qui brillent jusqu'aux entrailles de désir de médailles.

À leur suite, il n'est pas de lice qui n'aboie résolument, la Bluette, qu'on croyait si douce, et les petites Bulles, babines retroussées, et Chiquenaude, et Levrette, et Roquette et Canaille. Renart court encore, la sueur sur la peau de son dos. Il a si peur qu'il lâche douze pets sonores. Il pisse dru, Il se vide de tous bords. Il monte sur un grand chêne.

– De ta peau tu seras dépouillé, mon sire y mettra ses pieds !
Le roi lui ordonne de descendre – Descend !

– Par les reliques de Saint-Léonard qui délivre les prisonniers, par celles de Saint-Valentin qui aime le bon vin, pas question ! Je suis très bien ici, racontez-moi l'histoire de Lancelot, si quelqu'un en connaît une autre, qu'il la raconte ! Je suis bien installé ici pour vous écouter !

Un étrange cortège en cet instant parvient d'un sentier à senestre, le roi voit venir une bière portant la dépouille du rat Pelé que Renart dans la bagarre avait étranglé, et c'était Chauve, la souris, accompagnée par sa sœur, Fauve, et dix encore, ses frères et sœurs qui s'avancent vers le roi, ses fils, ses filles, quarante, et ses cousins, soixante sans doute ? « Sire, pitié ! »

Le roi donne ordre de couper le chêne, les barons applaudissent ! Renart descend, à la main l'anneau de la Reine. Alors, c'est grand miracle, le roi fut saisi d'un vertige, et pour cent écus d'or on n'aurait pu l'empêcher de tomber. Les barons l'emportent en civière droit au palais de sa maison. Huit jours il se fit baigner, ventouser, saigner, expertiser, dorloter ; enfin se retrouva dans la santé en laquelle avant il était.

Aucun des barons ne poursuivi Renart, car il n'est pas raisonnable de poursuivre le démon.

LE JUGEMENT

Celui qui le premier rapporta l'art et l'habileté de Renart, et ses aventures avec Isengrin son compère, négligea la meilleure matière en omettant de dire le procès et le jugement qui fut fait en la cour de Noble le lion, à propos de la grande fornication de Renart, qui couve tous les maux, et de Dame Hersant la louve.

Voici l'histoire, en son début, elle rapporte que l'hiver fut, que l'aubépine fleurissait, que la rose s'épanouissait. Au palais, pour la cour tenir, on fit toutes les bêtes venir…

Ils accourraient tous, à la demande de Noble, le bon roi, tous, fort Renart, le mauvais larron ; les calomnies allaient bon train. Isengrin, qui l'aimait peu, se plaint bientôt de l'infortune que Renart fit à son épouse, il prend chacun à témoin, clamant réparation et vengeance pour lui et sa progéniture.

– Sire, rendez-moi raison de l'adultère que Renart fit à mon épouse, Dame Hersant, et qu'il se refusa de justifier par les reliques de Saint-Léonard… Jamais sur terre je n'eus courroux plus que le jour qu'il refusa se justifier de ses méfaits ! Messire le roi, dans sa grande importance, et fort encore de la mémoire du siège peu glorieux qu'il conduisit naguère à Maupertuis, lui dit enfin :
– Je suis le roi d'ici !

Isengrin raconte à nouveau sa mésaventure, interrompu par Chanteclerc, agacé :

– Sire, je m'excuse, il est inutile de plaider, la cause est entendue, le malheur connu et découvert ! Grimbert fut seul à prendre parti pour Renart, son cousin

– Il me semble moi que la colère et les plaintes d'Isengrin sont déplacées si Renart aime Hersant, Isengrin comme à l'accoutumée hurle à la mort avant la mort. Hersant, tous les poils hérissés de colère, ou de honte, va savoir ? dit :

– Je veux bien me disculper par l'eau bouillante et le fer chaud. Tiécelin, le corbeau, intervient.

– Lui pardonner, quooa ? Mooa, j'ai réussi à m'échapper, Oui Mooa ! Je crois que voilà ce que je crois, quooa.

Tibert et Roenel parlèrent clair, et ensemble ! Et Bruiant, le taureau, jugea qu'il était de peu d'intérêt de clamer si haut ses infortunes et peu glorieux pour un cocu de parler fort en plein palais, Chanteclerc s'agitait.

– Je m'excuse, je m'excuse ! Un traître qui pour un œuf trahirait huit hommes ou neuf. La malepeste le torde ! Je m'excuse, je ne suis pas rancunier, mais j'ai de la mémoire !

– C'est tout ? dit le roi.

Brun l'ours fut d'avis que son seigneur eut pu mieux dire et qu'il devait rendre la paix en disant le jugement auquel chacun se rangerait

– Vous êtes prince en cette terre, mettez la paix à cette guerre, la paix entre tous vos barons, qui honnirez nous haïrons ! Et resterons de votre part, Isengrin se plaint de Renart, faites le jugement ce soir, si l'un doit à l'autre, demande de ses méfaits qu'il paie l'amende. Et pour venger Hersant la louve, je le ramène, si je le trouve.

LE JUGEMENT

– Je ferais venir Renart ! Et vous verrez avec vos yeux et vous entendrez avec vos oreilles !

Or l'empereur fut pris d'un hoquet facétieux...Isengrin renchérit, profitant d'une accalmie.

– Je lancerai contre lui une guerre si terrible...

– La guerre ec dangereuse au plus faible et j'ai moi-même décidé la paix, pourvu qu'on me voue le respecc !

Et l'on vit le vieil Isengrin, assis sur un tabouret, la queue entre les jambes, et tout fut dit.

C'est à ce moment là que Pinte se présenta à la cour.

Pinte, escortée par ses amies de la basse-cour,

Pinte, la favorite de Chanteclerc,

Pinte, la poule qui pond les gros œufs !

Pinte, fort mal en point.

– Conseillez-moi, je hais l'heure de ma naissance. J'avais cinq frères du côté de mon père, il les mangea. J'avais cinq sœurs du côté de ma mère et la dernière est ici morte, elle dit cela et s'évanouit... Les autres aussi. Chanteclerc s'agenouille et de ses larmes mouille ses pieds. Devant ce spectacle, le Prince pousse un grand soupir, de colère il redresse la tête, il n'y a bête si hardie, ours ni sanglier qui ne tremble de peur quand le roi soupire, et Couard le lièvre a eu si peur qu'il eut la fièvre pour deux jours. Toute la cour frémit ensemble...

– Brun mon ami, allez pour moi chercher Renart ! Dites en mon nom à ce rouquin qu'il vienne à ma cour rendre des comptes devant toutes mes gens. Qu'il n'apporte ni or ni argent ni belle parole pour se défendre, mais seulement la corde pour le pendre. Isengrin se relève en toute hâte – Sire votre clairvoyance, Sire, je ne le dis pas par haine ou griefs personnels. On chantera partout vos louanges.

Ainsi parti le brun samaritain.

– C'est moi, Brun, messager du roi ! Dit-il arrivant chez Renart, l'autre l'avait reconnu à sa démarche, il sait bien que c'est l'ours, il a reconnu le balourd.

– Brun quel honneur ! Brun quel dommage, que vous ne fussiez arrivé plus tôt, je vous eusse cordialement invité pour que vous partageassiez mon repas, dit-il, sans lui ouvrir. Voyez-vous mon ami, le pauvre ne s'assied pas près du feu, ne s'assied pas à la table, il s'assied sur lui-même et mange sur ses genoux, les chiens lui viennent alentour et lui enlèvent le pain des mains. Il se contente d'un seul plat, il se contente d'un seul verre, pour toutes ces raisons, j'ai déjeuné de lard et de pois nouveaux... et d'un gâteau de miel dont j'ai sept fois repris.

– Du miel, d'où vient-il ? Dieu soit loué, Dieu me pardonne, conduisez-moi là-bas. Renart fit un peu la moue, l'ours est bien facile à duper.

– Brun, dit Renart, si je savais trouver en vous confiance et loyauté, je vous montrerais aussitôt du miel frais et nouveau à l'entrée du bois de Lanfroi le forestier. Mais à quoi bon vous auriez tôt fait de me faire un mauvais parti.

– Qu'avez-vous dit ? Renart vous vous méfiez de moi, me soupçonnez de félonie, par l'hommage que je fis à noble, je n'ai pour vous nulle intention de traîtrise ni tricherie.

– Soit, je m'en remets à votre bonté. Ils prirent la route, à bride abattue, jusqu'au bois. Lanfroi, qui vendait du bois, a commencé de fendre un chêne, deux coins y avait enfoncés.

– Brun mon ami, voici ce que j'ai promis, la ruche est là-dedans, mangez, après nous irons boire. L'ours mit le museau dans le chêne et les deux pieds devant. Et Renart l'aide un peu, le soulève et le pousse un peu, le sermonne et l'exhorte un peu :

– Fainéant, ouvre donc la bouche ! Ton museau y touche presque ! Fils de putain, ouvre donc la gueule !

Cela, nous l'avons entendu, et – maudit soit-il – il n'y avait là ni miel ni ruche. Renart, à grand peine, empoigne les deux coins et les décoigne ; Brun se retrouva coincé par la tête et par les côtés, et Renart, qui jamais ne fit l'aumône, lance un sermon :

– Brun, vous vouliez garder tout le miel pour vous ! Je serais bien soigné si j'étais malade, je sais bien la prochaine fois quoi faire, adieu !

Quand arriva le forestier, Renart déguerpissait, devant les cris et les fermiers tous armés de gourdins de haches de fléaux ou de bâtons d'épines, Brun a peur pour son échine, il frémit, il tremble quand il entend les paysans, il vaut mieux perdre le museau, il tend et retend, tire et relâche, sa peau se déchire et sa tête craque, le sang lui couvre le museau, jamais personne ne vit bête plus laide. Il s'est enlevé tant de peau qu'on pourrait en faire une bourse.

Ainsi s'enfuit le fils de l'ourse, poursuivit par les vilains : Petiot le fils du seigneur Gilles et Hardiot Boutevilain et Vigier Brisefaucille et Roussier le fils de la Banquille et le fils d'Ogier de la place, armé d'une hache, et messire Hubert Grospet et le fils de

Galopet ; galopaient. Et le prêtre de la paroisse, le père de Martin d'Orléans qui étendait son foin, la fourche à la main, lui frappe les reins, le fabriquant de peignes et de lanternes le rattrape entre deux chênes, le frappe à l'échine avec sa corne de bœuf, Brun s'enfuit sous les coups de massue. Renart de loin lui crie :

– Brun mon ami, vous voilà bien avancé d'avoir mangé sans moi, votre mauvaise foi vous perdra, de quel ordre voulez-vous être que vous portiez ce rouge capuchon ?

On raconte que le roi s'arracha les poils de colère lorsque Brun lui dit :

– Ainsi m'a mis Renart dans l'état que vous pouvez voir. C'est la corde qu'il mérite, c'est la corde des condamnés. C'est la corde qu'il mérite, et tout lui sera pardonné.

Telles furent les plaintes de Brun.

– Brun, Renart t'a tué, n'attends pas de pitié mais je ferai grande vengeance qu'on chantera partout en France ! Où êtes-vous Tibert le chat ? Tibert mon ami allez pour moi chercher Renart ! Dites en mon nom à ce rouquin qu'il vienne à ma cour rendre des comptes devant toutes mes gens. Qu'il n'apporte ni or ni argent ni belle parole pour se défendre, mais seulement la corde pour le pendre !

Tibert n'osa refuser, il se recommande à Dieu et puis à Saint-Léonard, celui qui délivre les prisonniers.

– Renart, ne le prends pas mal. Je viens de la part du roi, ne crois pas que je te juge, mais le roi te menace durement. Tu n'as personne à la cour hormis ton cousin Grimbert qui ne te haïsse sûrement.

LE JUGEMENT

– Tibert, laissez-les donc menacer, je vivrai tant que je pourrai, j'irai à la cour et j'entendrai.

– Je vous le conseille amicalement, mais j'ai grand faim pour le moment.

– Vous refuseriez, j'en suis sûr des souris et des rats.

– Mais non !

– Mais si ?

– Mais non !

– Je sais l'endroit où en trouver. Il le conduit à la demeure du prêtre, lui raconte les poules, l'orge, les souris, voici par où l'on entre !

Le prêtre qui demeurait là n'avait ni orge ni avoine, toute la ville le plaignait pour la putain qu'il traînait, la mère de Martin d'Orléans qui dispersait sa fortune, il n'avait plus ni vache ni bœuf, ni autre bête que je sache, ou deux poules ? Le petit Martin avait tendu deux lacets pour attraper Renart, Dieu garde au prêtre un tel fils ! « Vas-y Tibert, froussard ! » Tibert s'élance et le lacet le prend au col, plus il tire, plus il s'étrangle, le petit Martin réveille père et mère, gaiement la mère attrape sa quenouille, le père, le prêtre, sort du lit tout nu en se tenant les couilles. Tibert, nous dit l'histoire lui emprunta une pendeloque avant de s'enfuir. Et pour le moins dans sa paroisse on ne sonne plus que d'une cloche.

Voici la chose dont se plaint Tibert.

– Tibert, tu reviens bredouille et bien meurtri, n'attends pas de pitié, mais je ferai grande vengeance qu'on chantera partout dans le pays de France ! Grimbert mon ami, allez pour moi chercher Renart ! Donnez en mon nom à ce rouquin le cachet que voici.

Messire Noble le lion roi de toutes les régions et sire de tous les animaux voue à Renart honte et martyre et grands ennuis et contrariétés. Qu'il vienne à ma cour rendre des comptes devant toutes mes gens ! Qu'il n'apporte ni or ni argent ni belle parole pour se défendre mais seulement la corde pour le pendre !

À sa façon de descendre le pont à petit pas à sa façon d'entrer le cul d'abord, la tête ensuite, Renart le reconnût. Grimbert attend la fin du repas pour délivrer son message.

– Renart, le roi vous fait mander, il vous commande, vous êtes en danger de mort ! Confessez-vous !

– Si maintenant je me confesse, devant la mort qui me presse, il ne peut m'en venir du mal, et si je meurs, je serais sauf. Entendez mes péchés. J'ai fauté avec Hersant, je l'ai sautée plus d'une fois, je me repens !

J'ai fait tant de mal à Isengrin, je vous l'avoue, il me doit sa tonsure, je me repens !

Je le fis pêcher dans la glace, je le fis manger trop de jambon, je le fis battre par les marchands d'anguilles, je le fis tomber dans le piège de l'agneau, aujourd'hui ne suffirait pas pour dire le mal que je lui fis, je me repens !

J'ai fait prendre Tibert au lacet. J'ai dévoré les sœurs de Pinte, la poule qui fait les gros œufs. J'ai dérobé le fromage de Tiécelin – faute de mieux– je me repens, je me repens !

À présent, je veux expier tous mes péchés de jeunesse !

Grimbert enfin par la raison le ramena au prix d'une absolution moitié français moitié latin. Renart se lamente :

– Que je puisse revenir sauf et me venge de ceux qui me font la guerre ! En chemin ils se perdent par les sentiers, Renart aperçoit une ferme, Notre route est là-bas !

– Renart ne t'es-tu pas confessé ? Comme il est court le temps du repentir, n'as-tu pas imploré pardon tout à l'heure ?

– Je l'avais oublié !

Ils arrivent tous deux dans l'endroit où se tient la cour, Renart fit preuve de courage et traversant la salle sous les regards menaçants d'Isengrin qui aiguise ses crocs, de Tibert griffes dehors, de Brun à la tête vermeille de Chanteclerc qui redresse le col, il prit la parole :

– Roi ! Je vous salue, moi qui vous ai servi mieux que quiconque, c'est à grand tort qu'on me dénigre, les jaloux cherchent à se venger de votre amitié pour moi, je voudrais bien savoir ce que me reprochent Brun et Tibert.

Brun qui a mangé le miel, et puni par les vilains, il pouvait seul se venger, il a bonnes mains et bons pieds et grands muscles et grande poigne.

Tibert fut surpris à manger souris et rat, il fut corrigé, que puis-je y faire, je ne sais quoi penser pour Isengrin, car il a tort de dire que j'ai aimé sa femme, qui ne s'en plaint pas ; le fol jaloux crève d'envie ! Isengrin me cherche querelle, son histoire ne tient pas debout.

Est-ce pour ce droit que l'on veut me pendre, je dois à ma grande fidélité et loyauté d'être encore en vie, je suis vieux, je n'ai plus de force et n'ai plus envie de plaider, c'est péché de me convoquer, mais vous m'avez demandé, me voici, faites-moi brûler ou pendre, je ne suis pas de grande force.

– Renart, vous plaidez bien !

Alors, Noble demande conseil à Chambellan, le singe :

– Le livre de la sagesse dit la vérité et le livre de la vérité dit la sagesse. Il convient d'établir dans cette affaire si les uns ont tort et les autres raison, ce qui est bien et ce qui ne l'est pas...

Qui mal chasse mal lui advient,
Après grande joie... vient grand souci,
Après vent léger vient la bise,
Tant va le pot à l'eau qu'il brise,
Tel pleurera qui lors en rit
Et n'est pas or tout ce qui luit,
Qui embrasse tout perd tout
Un jour vaut mieux qu'un an,
Entre bouche et cuillère
Est parfois grand encombrement,
Fortune secoure les hardis,
Après le deuil...vient la grande joie !

– J'ai lu le Livre et tous les alinéas, voici l'heure de la sentence !

Grimbert voulu intervenir.

– Se trouve-t-il ici quelqu'un pour se plaindre ? Ils se levèrent tous, Chanteclerc le premier.

– Je m'excuse ! Enfin de qui se moque-t-on ! Cette histoire est lamentable ! Laissez-moi passer ! Que je l'égorge, la corde est trop douce pour lui ! Roenel s'avance et bouscule Tibert le chat, qui pansait ses plaies en se recoiffant.

– Cesseras-tu d'être dans mes pattes à jouer les valseuses !

– J'ai à parler ici, grognard !

– Je sais, monsieur est grand seigneur, Monsieur s'assied pour pisser ! Ils furent d'accord sur un point.

– Qu'on le pende !

On fit dresser la potence, on banda les yeux du goupil, les singes lui font la moue et le giflent sur la joue, Couard le lièvre le vise de loin, puis se cache.

– Sire, dit Renart, j'ai commis de grands péchés et je veux prendre la croix et faire pénitence et pèlerinage.

– Soit, le Roi pardonne ! Renart pris la besace le bâton et l'écharpe, et la hure du pèlerin. Quand il partit, personne ne le salua, excepté Fière, la reine.

– Je prierai pour votre salut.

– Madame, j'ai déjà l'anneau qui me portera chance.

Renart éperonne son cheval et s'en va au grand trot, il passe devant la haie où Couard est encore caché.

– Seigneur Renart, je suis ravi que vous soyez sain et sauf, je suis désolé des ennuis qu'on vous fit aujourd'hui !

– Puisque mon malheur vous pèse je me chargerai du vôtre !

Couard se prépare à fuir car il redoute une trahison, mais Renart est habile, il le saisit par le train, et gravit avec sa charge un piton rocheux. Il s'arrête, et de loin vers la vallée où sont restés les nobles.

– Sire le roi reprenez ces guenilles ! Et il jeta la besace le bâton et l'écharpe et la hure de pèlerin, Couard, tremblant toujours, s'enfuit inespérément, il court pour atteindre la cour. De loin on entendit le roi crier à ses barons :

– Poursuivez-le !

... Et s'il échappe vous serez tous pendus et morts !

LES TÉMOIGNAGES

Renart est-il mort ou vivant ?

Renart espiègle et vil, il a trahi et trahira, il paraît qu'il sera pendu, qui sait ? Qui le saura ?

On enterra Pinte la poule qui pondait les gros œufs, on l'enterra avec les ossements de ses cinq sœurs. On enterra Hubert le milan sur les dépouilles de ses cinq fils. On enterra Pelé le rat parmi ses cousins. On enterra Pinsart le Héron. Brun le fils de l'Ourse était à l'agonie. Tibert le chat respirait difficilement sous les marques du lacet, Couard le lièvre tremblait toujours, Isengrin était vieux et grisonnant, penaud sur son tabouret. Chacun avait à se plaindre de Renart, et voici ce qu'ont rapportés les vivants et les morts, les témoignages de la vie de Renart le goupil, qui, en son jugement, furent prononcés et dit :

LA PÊCHE À LA QUEUE

Un jour, Isengrin quittait la lande, il cherchait de la viande, et sire Renart mêmement, ils se rencontrent au croisement d'ici ou là. Sonnez le glas !

– C'était un peu avant Noël, sous un ciel clair et étoilé, et sur l'étang gelé on aurait pu danser la carmagnole, si Isengrin n'était si mauvais danseur.

– Nous étions ici pour pêcher ! Il y avait un trou au milieu du lac gelé, les paysans chaque soir amènent leur bétail boire ici. Il s'y trouvait encore un seau.

– Seigneur, lui dis-je, approche-toi, c'est ici, voici l'engin de la pêche, et le lieu idéal où viennent sans mentir anguilles, barbeaux, gardons, harengs et goujons.

– Je l'entends encore !

– Silence !

– C'est un menteur un voyou...

– Ta gueule ! Je lui montrais bientôt tout l'art de cette pêche.

– C'est mon tour, c'est mon tour, prenez-le par un bout et lacez-moi la queue !

– C'est bien lui qui me le demanda ! Je l'attachais solidement entourant et nouant la queue au mieux, je lui conseillais bien sûr de rester calme et tranquille pour laisser les poissons venir, c'est la recette de tout pêcheur.

– Il s'est caché sous un buisson le museau entre les pattes !

– Silence !

– Je l'entends ricaner dessous.

– Ta gueule !

Voilà le loup sur la glace, voilà le sot dans l'eau, il attend, il sent le seau s'alourdir et se réjouit déjà du festin promis.

– Encore un peu, encore deux ! Bientôt le seau déborde de glaçons et la queue est gelée. On voit le jour, on ne voit plus Renart.

– Compère, il faut rentrer nous avons pris assez de poissons !

– Renart il y en a trop, j'en ai pris plus que je n'en puis tirer !

Il se lamente encore, vous l'auriez deviné. Ses hurlements intriguent Martin d'Orléans qui chassait près du lac avec deux lévriers. C'est lui qui délivra Isengrin en lui fendant la queue au ras de l'anus avec son épée, il croyait atteindre le crâne ! Isengrin s'enfuit en laissant des lambeaux de peau sous les crocs des lévriers. Renart est déjà loin.

C'est ce jour là je crois, qu'ils devinrent ennemis.

TIBERT

Il ne venait ni du bon vent ni de la tempête. Nous nous sommes rencontrés ce matin, inutile de nous éviter, et de regrets en serments, de repentir en serments, de serments en serments nous fîmes route ensemble, méfiants et prudents. Sur notre chemin, près d'un champ labouré nous aperçûmes une andouille à ficelle bien mal surveillée, je m'en emparai.

– Il s'en empara !

– Nous la porterons dans un lieu où nous serons à l'abri pour partager !

– N'avait-il pas donné sa parole !

– Nous la porterons et nous la dégusterons sur cette colline où se dresse une croix. Mais bientôt sur la croix se dresse aussi Tibert et l'andouille avec lui. Il tenait bien l'andouille.

– Hé bien, partageons-la !

– Je n'en ferai rien cette nourriture est sainte.

– Partageons là !

– Grimper, je n'en ferai rien, jette-moi plutôt ma part !

– Pas question cette andouille est bénite, viens donc la chercher !

– Deux compères honnêtes doivent partager leurs proies !

– C'est ainsi que tu partages la femme d'Isengrin !

– Partage-la et mange comme il te sied, jette-moi ma part, je m'arrange avec le péché, je prends le péché pour moi, laisse-moi donc ma part, par mes larmes et par ma bave, il la mange devant moi !

– La prochaine sera pour toi !

– Tu finiras bien par descendre, Je t'attendrai ici tant qu'il faudra !

Le fourbe resta un long temps impassible, j'entamais l'andouille. Tout à coup, je le vis jeter ses pattes en avant sur l'herbe épaisse – L'avez-vous vu ?

– Qu'est-ce donc, qu'avez vous pris ?

– Il y a ici une souris ! J'ai tendu le cou pour voir la souris, le traître ! L'andouille m'échappa.

– On ne peut se fier à toi !

– Le compliment vaut pour toi, maintenant c'est moi qui ai l'andouille et la ficelle, et je ne suis pas ton cousin !

LE MILAN

Il arriva pareille mésaventure à sire Hubert le milan, qui, voyant Renart en piètre posture s'avisa pour son grand malheur de devenir son confesseur. On raconte, et je ne le crois guère, que Renart venait des portes de Compostelle, ou de Jérusalem. Il est vrai qu'il chassait les infidèles, tirant et foutant jusqu'à quinze fois le jour, la nuit dix coups sur coups et neuf d'affilée. Je ne pourrais sans honte vous rapporter les trahisons et les méfaits que par le détail le goupil avoua au Milan, mais à la fin de sa confes-

sion, il dit ceci : « Sire, pour vos enfants que j'ai mangés, je deviendrai votre valet, embrassons nous ! »
Puis il le dévora.

LA MÉSANGE

J'étais sur la branche d'un chêne creux, Renart me vit et me salua.

– Descendez chère commère que je vous embrasse.

– Renart, vous avez berné tant d'oiseaux et tant de biches, on raconte partout vos méfaits, il n'y a part en vous de vérité.

– Madame je n'ai rien fait pour vous déplaire et ne le ferai pas, n'est-il pas vrai que votre fils est mon filleul, d'un juste baptême, il faut que je vous dise, messire Noble le lion a fait jurer la paix à ses vassaux, Dieu merci, partout sur cette terre cesseront les querelles et les guerres, et les bêtes, petites ou grandes, elles aussi seront quittes.

– Renart, cherchez quelqu'un d'autre vous ne m'embrasserez pas ce jour

– Madame si vous me redoutez, écoutez-moi, les yeux fermés je vous embrasserais. Je ne voulais pas l'embrasser et lui tendis, lorsqu'il ferma les yeux, une poignée de mousse et de feuilles, il faillit manger les feuilles ! Quelle paix est-ce là ?

– Renart vous alliez enfreindre la trêve

– Je voulais plaisanter, me dit-il en riant, recommençons ! Je m'approche à nouveau, à nouveau il jette les dents. Mais voici venir des chiens en liesse, il s'enfuit.

– Renart, revenez ! Vous ne m'avez pas embrassée !

– Dame, la paix est jurée et la trêve aussi, mais on ne le sait pas partout !

PINÇARD

Voici ce qui arriva jadis en Angleterre où Renart s'en était allé en quête.

Ce fut un beau matin que Renart sortit du bois à découvert, il court d'un côté et de l'autre à petits bonds, arrive bientôt sur le bord d'une rivière, pense d'abord à rebrousser chemin, quand il aperçoit sur sa gauche maître Pinçard le Héron cherchant les poissons de son bec, il baisse la tête et se laisse tomber à terre : « Que pourrais-je faire ? Comment l'attirer par ici ? Si j'attends qu'il vienne, je peux passer la journée à bailler d'ennui et de faim. » Face contre terre, il regarde le Héron. Souriant sans doute de sa prochaine trahison. Il arrache de la fougère qui borde la rivière une grande brassée qu'il met à l'eau, le courant l'entraîne vers le Héron, qui dresse la tête, voit la fougère, la pousse vers l'aval, et reprend sa pêche.

Renart le sournois recommence l'opération, envoie une nouvelle brassée dans le courant. Pinçard se redresse, méfiant, frappe et retourne le tas de fougère de ses longues pattes et de son long bec, puis se remet à pêcher – De la grande malice de Renart, tu vas bientôt t'apercevoir – Il fit un nouveau tas de fougère, plus gros que les premiers, et s'y couche au milieu sans un bruit, ainsi camouflé, il se jette à l'eau sur son curieux radeau, le courant l'emporte plus bas vers le Héron, toujours occupé à pêcher, le bec dans l'eau. Il néglige le tas de fougère qui s'approche de lui. Renart, le voyant baisser sa garde, jette les dents sans un retard, le saisit par le milieu du cou et le tire à lui ; la guerre est terminée. Au bord de la rivière, sans honte et sans bruit Renart étrangle le Héron et le mange sans en laisser un morceau.

HERSANT

Isengrin repensa à sa femme et à cette chose qui surtout faisait sa haine envers Renart, « Il se l'est faite ! » Lors, il rentra chez lui et la frappa de bon cœur, en la traitant de tous les prénoms de salope ; et pour venger cet affront, l'oblige à venir témoigner à la cour. L'autre jour Renart fit une halte chez Dame Hersant sa commère, qui venait de coucher ses louveteaux :

– Renart, jamais vous ne m'avez rendu visite, jamais vous ne m'avez témoigné bonté ni amitié. Renart fut son premier amour, et dans ses passions vagabondes ce qu'il reste, c'est qu'il reste et qu'il n'est jamais loin comme est ancrée en elle la fièvre d'appartenir. Renart est un peu intimidé.

– Dame, ce n'est point par malice, mais Isengrin me guette dans mes déplacements, je ne sais de quelle farce il me porte rancune, je n'ai mémoire d'aucune. Il se plaint alentour que je vous aime d'amour.

– Seigneur ! Il me soupçonne à tort, jamais je n'ai pensé à mal, pour le punir je veux que vous m'aimiez ! Renart ne se fait pas prier, il se hâte de l'embrasser, Hersant lève la cuisse. Avant de s'en retourner le goupil satisfait s'approche des louveteaux et leur pisse dessus, l'un après l'autre, dans l'ordre où ils étaient allongés, il les insulte et leur marche sur le ventre, les traite de bâtards ; puis il a tout pris, tout mangé.

Malgré les conseils de la louve, Isengrin dès son retour fut informé de l'affaire, c'est en grande colère que le jour suivant Hersant et Isengrin apercevant Renart au détour d'un chemin, se mettent à sa poursuite, Renart s'enfuit par un sentier, Isengrin coupe à travers les champs, Hersant, brûlant du désir de rejoindre Renart, part dans une autre direction, elle arrive à la tanière du goupil mais reste coincée par le ventre dans l'entrée de secours.

Renart la surprend, il la prend, sans préavis il en abuse, il faut bien dire que cela n'est pas du goût de la louve, qui aime bien voir d'où le plaisir survient, elle voudrait toucher, elle voudrait gémir mais elle se plaint.

– Renart, vous me forcez, soit je cède à la force ! Je t'ai aimé, c'est vrai, mais ce péché n'est pas dans les livres. Une nouvelle fois ton corps sur mon corps. Une nouvelle fois ton haleine soufflée. Une nouvelle fois la joie renouvelée !

– Renart, tu me paieras cet affront ! Hurla Isengrin arrivant au milieu des noces.

– Seigneur, n'allez pas croire que j'ai troussé sa robe, ni déchiré sa culotte, jamais, sur mon âme, je n'ai foutu votre femme, j'en prononce ici le serment, voyez comme je vous rends service en essayant de décoincer Hersant.

– Traître, me crois-tu aveugle, dans quel pays pousse-t-on ce que l'on veut tirer à soi !

– Seigneur ignorez-vous que la ruse et l'astuce sont parfois mieux indiquées que la force ? Et l'entrée s'élargit à l'intérieur, Hersant vous le dira elle-même, quand vous l'aurez dégagée ! Cria Renart en s'éloignant.

ISENGRIN

Qui pourra demander pardon ? J'en ai trop entendu, ou pas assez car l'histoire ne finit pas ainsi, je le jure. Il faisait froid, il n'a jamais fait aussi froid, j'étais bredouille depuis le point du jour quand j'arrivais chez Renart, qui faisait rôtir les anguilles en brochettes. Renart fut sourd à mes prières, à l'écouter, son castel abritait un régiment de moines, et lui me refusa l'hospitalité. À la fin, las de me répondre, il m'indiqua son piège que je voulus mettre en pratique. Il m'a pris pour un idiot en m'envoyant faire le mort devant la charrette aux anguilles. Hélas ! bien mal me pris car les charretiers me rudoyèrent jusqu'au sang, et je dois à mes seules jambes d'être encore vivant à ce jour. Pourtant je le crûs innocent. Il me prit pour un sot lorsqu'il me parla des jambons salés, dans la maison du paysan je dévorais avec appétit, mais pour sortir le ventre plein Renart m'indiqua une ouverture bien étroite, il me tira avec une corde et m'arracha la chair, il fit tant de bruit qu'il réveilla le paysan avant de s'enfuir ; j'ai pris tant de coups de gourdin, c'est un miracle si je suis encore en vie. Tout le village me poursuivait, ils étaient deux mille qui m'ont battu et bastonné. Ce n'était pas la fin de sa traîtrise.

– Hersant, vous l'avez prise de force, vous n'avez pas manqué le trou. Devant moi vous lui avez battu et rebattu la croupe. Je vous ai vu pousser et arquer. Je vous ai vu remonter vos braies ! Tu m'as fait monter dans le seau ! Tu m'as fait descendre dans le puits ! Les moines qui m'ont sorti de là m'ont tant frappé avec béquilles et gourdins, épieux, haches et bâtons d'épines, qu'ils m'ont lardé de coups ; ils m'ont laissé pour mort dans un fossé puant !

TIECELIN

« Mooa J'avais dérobé un fromage, au péril de ma vie, Mooa. Évitant adroitement les cailloux et les pierres des fermiers, je m'apprêtais à m'en blanchir les moustaches, il était tendre, crémeux, parfumé, j'allais le manger à mon aise, perché sur la plus haute branche, quooa. Renart le fourbe m'aperçut et pour sauver ma vie, j'ai laissé le fromage à ce pitre, il n'a pas pu me prendre. Mooa, j'ai laissé quatre plumes, quooa. »

Ça, c'est la version du corbeau, cette histoire est la plus célèbre des aventures de Renart le goupil et j'en tiens d'un ami les véritables péripéties.

Sire Tiécelin, le fier corbeau
Jusqu'à son nid porte un très gros
Fromage, dérobé à l'instant.
Pour s'en gaver, il prend son temps,
Trouve le parfum délicieux.
Renart, le goupil malicieux,
Aperçoit fromage et compère
Quand de dîner il désespère !
« Par Léonard je suis ravi
De croiser votre compagnie !
Chantez-moi donc la ritournelle
Que votre père faisait si belle. »
Flatté, Tiécelin lance un cri,
Que l'on imagine, un cri…
Un cri assez peu mélodieux.
Pour le goupil, les larmes aux yeux,
Qui réclame un nouveau refrain,
Le corbeau entonne serein
Et s'étirant, perd le fromage
Dont Renart connaît bien l'usage.
Mais, sans toucher la pâte molle,
Il se plaint de sa patte folle,
Se dit blessé, atteint au cœur,
Fort indisposé par l'odeur ;
Espérant tirer davantage.
L'autre s'approche avec courage,
Et gourmandise néanmoins,
Mais laisse quatre plumes au moins,
Voilà la simple vérité,
Aux crocs du goupil dépité.
Renart hérite du fromage.
« Je n'avais depuis ma naissance
Connu plus joyeuse appétence. »
Dit-il à son entourage.

ÉPILOGUE

Ô, c'est un démon, pendez le, que m'importe !
Je suis meurtri, je suis trahi ! La légende est morte
Ravir piller meurtrir, jamais lui firent tourment
Farcer, duper sans crainte d'aucun jugement.

Ô, jamais il n'eût de repentir, hideuse
Destinée, cette bête est si monstrueuse !
Flatter tromper mentir, jusqu'au dernier moment.
Plaignez celui qui fit écho à son roman.

Plaignez ceux-là qui lui donnèrent confiance
J'en ai le deuil et la douleur, dès l'enfance
Nourri de mensonges et de leurres, mille fois
Fautif, toujours au mépris du droit et des lois.

Plaignez ceux-là qui connurent sa trappe,
Seigneurs ni vilains sont à l'abri, nul n'échappe.
Le perfide ne sait pitié ni charité
Et c'est lui qui noiera Charron, en vérité.

Il se prétend médecin, je n'y crois guère.
Toujours au poing l'épée, toujours en guerre.
Isengrin le premier fut son souffre douleur
Qui ne connut trêve ni paix, pour son malheur.

Item Pinte qui fit les gros œufs, pauvresse,
Coupée sa sœur et Chanteclerc sans paresse,
Qui l'aimait et la chantait du couchant au levant,
Le cou tendu, fier et content, patte devant.

Item Brun le bon vivant, le fils de l'ourse
Berné souvent et fauché dans sa course,
Couard le lièvre valeureux, prostré dans un trou,
Hanté par le souvenir de Renart le roux.

Item Pinçard et sire Hubert qui finirent
Comme Pelé, le rat, loin de chez eux périrent.
Brichemer dont la peau servit de courroie,
Tibert, trahi, blessé, rompu devant le roi.

Item Martin d'Orléans qui la nuit se saoule
Et son père le prêtre qui a perdu ses poules
Et son coq, une andouille, ses jambons salés
Et la couille droite. Et sa femme désolée.

Item Hermeline et la reine Fière,
Trompée, trahie, quand pour lui elles prièrent.
Item Hersant, la louve tendre au cœur des hommes,
Admirée, bénie, depuis l'enfance de Rome...

Item Hersant la louve dont l'amour est à celui qui la trouve !

Seigneur, je m'accuse d'avoir été pervers, d'avoir fait à l'envers ce que je ne fis pas de travers, je me suis mal conduit, et j'ai le cerveau détrempé. Pas un truand dans ce pays qui puisse dormir en paix.

Je serai premier en celui de messire Lucifer, pardi ! Je sais les ruses et les mensonges de la male passion qui me ronge. Jusque sur le banc de confesse, s'il s'y trouve la moindre fesse, et même en enfer, je le jure, trouver un con à ma mesure.

J'ai souvent changé le droit en tort, tout comme le tort en droit quand j'étais avocat à la cour de Noble. À ceux qui vivent d'espérance, je dis que le monde vit dans l'instabilité. La fortune se rit des gens. Les uns viennent, les autres vont, elle fait l'un pauvre et l'autre riche, telles sont les manières de fortune ; elle n'est pas l'amie de tous, Elle met l'un dessus l'autre dessous...

Isengrin ? Je le connais depuis l'enfance, comment lui voudrais-je du mal ? Nous étions les meilleurs amis du monde. Si nous avons pris parfois des risques, c'est qu'il n'y avait plus rien à manger dans nos demeures. Bien sûr je le taquinais parfois, c'est dans ma nature. Les vilains toujours nous pourchassèrent, nous demandant si nous étions chrétiens, ma foi... je n'en ai guère ; je veux bien être chrétien si l'on mange à sa faim, et gardez vos reliques !

Nous partîmes ! Le grand chemin tourne à senestre et s'enfonce à travers la forêt, je connais ses bois tout entier, tant je les ai parcourus...Hersant, en son jeune âge était si belle qu'à son passage se dressaient toutes les verges des bedeaux, j'en fus amoureux moi-même, et même, désormais qu'il y a plus de rides autour de son cul que de ronces en un arpent de bois, elle a toujours le con béant. Et ce roi là ! Qu'il me dise où et quand je me lève et me couche ! S'il est l'heure ou pas ?

Et s'il me plaît de n'être pas où je suis !

> Il m'a dit : aimez-les ! – Je fais ce que je peux.
> J'étais chanteur de rue dans les quartiers du vieux Paris
> J'étais prêtre oublié dans la banlieue d'Anvers
> J'étais médecin des âmes maigres,
> J'étais moi-même très maigre.
> J'étais voleur et mes fils avaient faim.
> Quand j'étais soldat, je suis mort à la guerre !

Quand j'étais pèlerin, je suis mort en enfer
Poursuivi par des moines fiers,
Gens de mauvaises manières et de bonne foi.
Quand j'étais avocat, c'était pour de l'argent.
Je suis devenu marchand,
Je suis devenu paysan, teinturier et jongleur.
C'est pour nourrir ma femme et mes enfants,
À ce prix, oublier mon âme d'enfant !
Je les ai vus, arrogants, pétulants,
Je les ai vus, couverts d'ennuis,
Je les ai vus, bardés de lois et de morales.
J'ai vu les pauvres refuser de partager,
J'ai vu les riches partager leurs déchets,
J'ai vu les femmes et je les ai aimées.

Oui, j'ai triché, mais je suis un menteur sincère.

NOTES

Écrit entre 1171 et 1250 en 120 000 vers octosyllabiques,
le succès du Roman de Renart imposa, dès le 13ème siècle,
le nom commun renard,
au détriment du vieux mot goupil.
Inspiré d'oeuvres latines ou de fables ésopiques ?
Réécriture en langue courante de textes latins ou tradition orale ?
Va savoir !
De savants exégètes se perdent sans doute encore en conjectures
sur les origines du ROMAN DE RENART.
Ils hésitent également sur les intentions de ce texte.
Ils pérorent sur les auteurs...
Ils chicanent sur les dates...
Ils ergotent sur l'ordre et le nombre des branches...
Ils pinaillent sur le sens...
Ils tergiversent sur la traduction d'un mot...
Ils s'atermoient pour une tournure...
Ils pignochent, ils épiloguent, ils ratiocinent...
... Ils radotent !
Renart est vivant et bien portant !
Si tu veux, on le croise sur un site japonais d'Internet...
le WEB colporte les aventures de Renart le Goupil
et de son compère Isengrin...

... et c'est bien comme ça.

Bruno Cosson

Renart est-il mort ou vivant ?
Il nous a trompés si souvent
Rit du prochain et du suivant
Mais qui le sait ? Pas les savants.

On l'a chanté aux quatre vents
Depuis les marches du Levant
Et depuis les siècles d'avant
Qu'importe il est toujours devant.

Moquant le pardon des couvents
Récoltant des amours fervents
Et des anneaux de passavant

Et moi je raconte aux vivants
Et moi je raconte en rêvant
Leur part de Renart tout à l'heure.

TABLE

PRÉFACE 7
LES ANGUILLES.. 9
LE PUITS 11
LE SIÈGE DE MAUPERTUIS 15
LE JUGEMENT 23
LES TÉMOIGNAGES 35
    LA PÊCHE À LA QUEUE 35
    TIBERT.. 37
    LE MILAN 38
    PINÇARD 40
    HERSANT 41
    ISENGRIN 42
    TIECELIN 43
ÉPILOGUE 45
NOTES 49